Gudrun Hettinger

CREARE A NATALE
con le mollette di legno

CREARE CON I CARTAMODELLI

edizioni del borgo

Indice

I decori per le feste di Natale

Avevate mai pensato di realizzare i decori natalizi per la vostra cosa in modo completamente nuovo? Le mollette di legno (sì, proprio quelle per stendere il bucato!), combinate con altri materiali, vi daranno questa possibilità. Con le mollette, infatti, potrete realizzare decori originali per la tavola o per la casa, festoni per dare il benvenuto ai vostri ospiti o piccoli regali per amici e conoscenti, in modo rapido, semplice ed economico, ma con risultati di grande effetto!
Vi ho fatto venire la voglia di provare? Bene, allora ...al lavoro e buon divertimento!

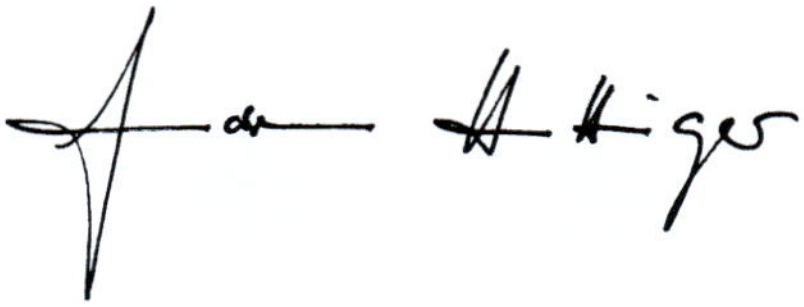

Occorrente

Le mollette di legno
Le mollette di legno si trovano in tutti i negozi di hobbistica e sono disponibili in diverse misure e formati (tradizionali, rotonde, divise a metà, persino già colorate). La misura più utilizzata, cm. 7,5 x 1 (che fra l'altro viene utilizzata nella maggior parte dei progetti di questo volume), si trova solitamente anche presso il reparto casalinghi dei supermercati.

Il feltro modellabile
Si tratta di un tessuto particolarmente robusto (è un po' più spesso del pannolenci) che si taglia e si lavora agevolmente. Inumidito con l'acqua, può essere sagomato e, una volta asciutto, mantiene la forma data.

Occorrente
- Carta trasparente (per i modelli)
- Matita, forbici, cutter
- Pennarelli a punta fine: nero e rosa
- Colori acrilici opachi
- Pastello acquerellabile rosso
- Pennelli di diversa misura
- Penna glitter
- Colla da bricolage, attaccatutto, colla a caldo, colla vinilica da legno a presa rapida.

Suggerimento
Siccome nella maggior parte delle attività sono necessari solo piccoli ritagli di tessuto, potete utilizzare degli scampoli che avete già in casa, modificando tranquillamente i colori dei progetti originali.

Come colorare le mollette
Prima di dipingere le mollette con i colori acrilici opachi o con la pasta effetto neve, applicatele ad un listello di legno come se fosse un filo per stendere: in questo modo avrete accesso a tutti i punti visibili. Lasciatele asciugare completamente, fate eventuali ritocchi e poi toglietele dal supporto.

Come riprodurre il disegno del cartamodello?
Ricalcate ogni disegno dal cartamodello sulla carta trasparente, fissatelo su un cartoncino e ritagliate lungo i contorni. Posizionate ora la vostra mascherina sul materiale prescelto, ripassatene i contorni e ritagliate. I segni interni delle figure (ad esempio i tratti del viso...) potete ricalcarli direttamente sul materiale con la cartacarbone.

Come incollare i vari pezzi

Fate sempre attenzione al verso della "molletta" (la pinza), cioè se quest'ultima deve trovarsi in altro o in basso: questo dipende dai singoli progetti. Per assemblare le diverse parti di ogni lavoro seguite le indicazioni del cartamodello.

Come rifinire le figure

Per le **teste** vengono usati dei dischetti di legno, delle mezze perle, dei ritagli di balsa, di cartoncino, pannolenci o feltro.

Le **braccia** e le **gambe** possono essere realizzate con del filo di ferro, del filo di carta o del cordoncino di cuoio. Le braccia di solito vengono inserite attraverso la molla e fissate con un punto di colla. Le gambe, invece, vanno incollate alla parte interna delle mollette, in alto, altrimenti verrebbero poi coperte dall'oggetto al quale va fissata la molletta. Per fare le **mani** o i **piedi**, avvolgete a spirale le estremità del filo o del cordoncino oppure infilateci due perle.

Per fare le **guance,** passate un po' di pastello acquerellabile, bagnatelo leggermente e distribuite il colore con il dito.

Per gli **occhi,** fate un cerchietto utilizzando la punta di uno spiedino o l'estremità del manico di un pennello intinto nel colore. Una volta che quest'ultimo è ben asciutto, fate un ulteriore puntino all'interno dell'occhio (il punto luce) con un pennello sottilissimo o con un pennarello dalla punta altrettanto sottile.

Per fare i **nasi,** potete utilizzare delle mezze perle oppure un pezzetto di bastoncino di ovatta (quello per pulire le orecchie), che poi colorerete come indicato nelle istruzioni.

Il calendario dell'Avvento

Occorrente

- 24 mollette in legno cm. 7,5 x 1
- m. 1 di filo dorato decorato con 30 stelline di legno
- 24 scatoline di cartone cm. 7,5 x 3 o cm. 5 x 5
- Lettere e stelline adesive
- Decori natalizi (babbo Natale, orsetto, stelline...) cm. 5,5 h
- Decori natalizi cm. 3 h
- Penna glitter dorata
- Colore acrilico opaco blu, verde e rosso
- Nastrino di raso da mm. 3 dorato

Dipingete le scatoline di cartone (o prendetele già colorate) e rifinitele con nastrini, numeri e stelline. Decorate poi le mollette con la penna glitter dorata. Una volta che il colore si è asciugato, fissate le mollette al filo dorato e appendete ad ognuna una scatola contrassegnata da un numero da 1 a 24.

Chi c'è dietro alla steccato?

Immagine e occorrente a pag. 8/9

1 Dipingete di marrone lo steccato e fissatelo ad una estremità della base in compensato. Poi decorate entrambi con la pasta effetto neve. Ritagliate tutti i pezzi di ogni singolo personaggio dal feltro del rispettivo colore e assemblateli come indicato nel cartamodello (ritagliate anche il berretto -mod. A10- dal feltro rosso). Dipingete le mollette come evidenziato nella foto e poi rifinite la pancia del pupazzo di neve, dell'alce, del topo e dell'orsetto con la pasta effetto neve, eventualmente colorata.

2 Per fare i capelli dell'angioletto, fissate qualche filo di juta con un pezzetto di spago dietro alla testa e nascondete il nodo con una stellina di pannolenci. Poi, decorate tutti i personaggi come illustrato a pag. 8 - 9. Realizzate le "gambe" con un pezzo di cordoncino di cuoio lungo cm. 12 e fissatelo alla parte anteriore della molletta, proprio sotto alla molla. Poi, passate le braccia (cordoncino lungo cm. 8) attraverso la molla stessa. Fissate entrambe con un punto di colla e rifinite le estremità incollando ad ognuna una perlina.

3 Per realizzare il naso di Babbo Natale, praticate un foro sia nella sagoma della barba che in quella della testa (con un perforatore), incollatele sovrapposte in modo che i due fori coincidano e infilateci l'estremità di un bastoncino di ovatta (vedi pag.5). Infine, colorate la punta di rosso.

24
21
15
19
10
20
1
4
6

Chi c'è dietro allo steccato?

Occorrente

- Mollette di legno cm. 7,5 x 1 (per le figure)
- Mollette cm. 4,5 x 0,7
- Steccato cm. 80 x 15 (tagliatene cm. 40)
- Compensato mm. 10 cm. 4 x 7
- Ritagli di pannolenci
- Filo di ferro blu Ø mm. 1,5
- Pasta effetto neve
- Mezze perle Ø mm. 8 e Ø mm. 4
- Occhietti mobili Ø mm. 4
- Perle di legno Ø mm.8
- Fustellatore grande "Fiocco di neve" "Cerchio"
- Fustellatore piccolo: "Stella" e "Cuore"
- Rametto d'abete
- Filo di juta
- Cordella di cuoio Ø mm. 1
- Pompon Ø mm. 7
- Colore acrilico opaco: rosso, nero, bianco, grigio e marrone
- Bastoncino di ovatta

Cartamodello
A1 – A10

Per le istruzioni vedi pag. 6

La nuvola dei desideri

Occorrente

- Mollette di legno cm. 7,5 x 1
- Stecche in legno colore naturale mm. 150 x 20, tagliati a metà
- Mezze perle di legno naturale Ø mm. 20
- Ali di carta per gli angeli mm. 65 x 40
- Cordella di carta gialla Ø mm. 2
- Decori in legno stelle mm. 33 + mm. 12
- Colore acrilico opaco: bianco, azzurro, rosa, giallo, violetto, color carne, marrone e ocra
- Penna glitter dorata
- Cartoncino dorato
- Buste piccole cm. 11 x 7,5
- Stelline adesive
- Nuvola in legno cm. 30 x 20
- Appendino per il pannello

Cartamodelli B1 - B3

1 Per fare le faccine, dipingete con l'acrilico color carne le mezze perle di legno, poi disegnate i capelli e i tratti del viso. Successivamente, stendete il colore di base sulle mollette e sulle stecche in legno tagliate a metà.

2 Fissate sulla molletta le ali e il cordoncino di cuoio per le braccia (rifinito con una perlina ad ogni estremità), poi incollate il legnetto su quest'ultima. Ora incollate la faccina sulla stellina e incollate a sua volta la stellina all'estremità superiore del legnetto, tenendola premuta finchè non si è fissata bene. Infine, decorate con le stelline adesive.

3 Ritagliate una striscia di cartoncino di cm. 28 x 4 e scriveteci ciò che volete con la penna glitter dorata. Poi arrotolate i lati corti del cartoncino come se fosse una pergamena.

4 Dipingete di bianco la nuvola di legno e incollate sul retro un appendino. Infine, sistemate sulla nuvola gli angioletti (ognuno con una piccola busta decorata con la penna glitter dorata) e la striscia di cartoncino.

Papa
Vanessa
Mutti

Un allegro pupazzo di neve

Occorrente

- 4 mollette di legno cm. 7,5 x 1
- Feltro: bianco, nero, marrone e rosso
- Pannolenci rosso (sciarpetta)
- Cartoncino dorato effetto lustrini
- Lettere adesive nere
- Mezze perle nere Ø mm. 4
- Filo di ferro con decoro di stelline

Cartamodelli C1 - C2

1 Ritagliate tutte le parti evidenziate sul cartamodello e assemblatele. Poi incollate quattro mollette di legno come braccia e gambe (la parte a pinza deve sporgere verso l'esterno).

2 Incollate scarpe e guanti sulle mollette e poi appendete il pupazzo di neve al filo di ferro decorato con le stelline. Infine, fissate la stella cometa alle mollette delle braccia.

Decori per la tavola

Immagini e occorrente pag. 14

1 Ritagliate tutti i singoli pezzi o ricavateli col fustellatore e assemblate i personaggi alle rispettive mollette. Per fare i ***Pupazzi di neve***, incollate la testa, la pancia, il cappello e decorateli con i cerchietti ottenuti col fustellatore. Per realizzare il naso, utilizzate una sezione di un bastoncino di ovatta (vedi pag. 5). Per fare le braccia, fate passare un cordoncino di cuoio lungo cm. 8 attraverso la molla e fissatelo con un punto di colla. Rifinite ognuna delle due estremità con una perla. Infine, sistemate la sciarpa intorno al collo.

2 Per realizzare ***l'Angelo*** e il ***Babbo Natale*** vedi pag. 22, punto 2. Proseguite, disegnando sulle "pastiglie" di legno i tratti del viso ed i capelli (per quelli degli angeli mescolate al color oro una punta di colore nero). Per fare le braccia seguite lo stesso procedimento del pupazzo di neve.

3 Ritagliate i ***Segnaposto*** dal cartoncino ondulato, poi fate un'incisione della larghezza della molletta nel punto evidenziato sul cartamodello, in modo che il cartoncino non si chiuda quando gli applicherete la molletta. Infine, scrivete il nome sul cartoncino con la penna glitter rossa.

BUONE FESTE

Decori per la tavola

Occorrente

- Mollette di legno cm. 7,5 x 1
- Mollette per provette cm. 17,5
- Perle di legno Ø mm 6
- Feltro rosso, blu bianco, nero, giallo
- Pannolenci blu, verde e rosso
- Cordella di carta Ø mm. 2
- Piastrine di legno Ø mm. 20
- Pompon bianchi Ø mm. 7
- Colore acrilico opaco oro, carne e nero
- Fustellatore medio: "Cuore" e "Stella"
- Fustellatore grande "Stella"
- Fustellatore "Cerchio piccolo"
- Bastoncini di ovatta
- Cartoncino ondulato dorato cm. 10 x 10 per il segnaposto
- Cartoncino dorato
- Penna glitter rossa

Cartamodelli D1 - D4

Istruzioni vedi pag. 12

Max

L'angelo dei regalini

Occorrente

- 24 mollette di colori assortiti cm 4,5 x 0,7 (o colore naturale)
- Cucchiaio di legno rotondo ca. Ø mm. 7 lungo cm. 50
- Feltro: giallo, color carne e bianco
- Nastrino di raso doppio color crema da mm. 10
- 24 sacchetti di pannolenci colorati, cm. 6 x 9
- Fustellatore grande "Cuore" mm. 32
- Fustellatore medio "Cuore", "Stella", "Abete", "Campana" e "Orsetto" mm. 22
- Pasta effetto neve e pennello
- Colore acrilico opaco color carne
- Numeri adesivi

Cartamodello E

1 Dipingete il viso dell'angelo sul cucchiaio seguendo le indicazioni del cartamodello e rivestite il manico con la pasta effetto neve. Per fare i capelli, ritagliate due strisce di pannolenci, una di cm. 13 x 6 e l'altra di cm. 6 x 6, piegatele a metà per il lato lungo e sfrangiatele, fermandovi a mm. 3 dal fondo. Poi, inumiditele e date loro la forma del cucchiaio: incollate davanti la striscia più corta e subito dietro quella più lunga.

2 Realizzate i sacchetti con il pannolenci (oppure comperateli già pronti) e decorateli, così come ogni molletta, con i motivi ricavati dai fustellatori, Poi, contrassegnate ognuno con un numero da 1 a 24. Ricordate che se avete utilizzato delle mollettine colore naturale, dovrete dipingerle prima di decorarle.

3 Ritagliate 8 pezzi di nastro lunghi ognuno cm. 33, annodateli (o incollateli) a distanza regolare lungo il manico del cucchiaio e fissate su ciascuno tre sacchetti a distanza di circa cm. 7 l'uno dall'altro (verificate che nessun sacchetto copra quello sottostante), avendo cura di sistemare la mollettina del sacchetto più in alto in modo da coprire il punto di fissaggio del nastro.

4 Ritagliate dal feltro il braccio dell'angelo, una stella per decorargli il collo, le ali e assemblate il tutto come evidenziato a lato. Per appendere il cucchiaio, fate due fori nel manico e infilate in ognuno un gancino, a cui annoderete il nastro di raso.

1
4
7
10
13
16
19
22
2
5
8
11
14
17
20
23
3
6
9
12
15
18
21
24

Ghirlanda di biglietti

Occorrente

- Mollette cm. 7,5 x 1
- Feltro marrone
- Pluster pen bianca
- Penna glitter dorata
- Filo decorativo con perline dorate

Cartamodello

F1 - F12

1 Ritagliate la sagoma dei dolci di panpepato dal feltro marrone e decorateli con la pluster pen (senza far gonfiare il colore).

2 Dipingete le mollette con la penna glitter dorata e incollate su ciascuna un biscotto (la pinza rivolta verso il basso).

Un regalino in denaro

Immagini e occorrente pag. 20/21

1 Dipingete le mollette con la penna glitter. Praticate un foro attraverso i coni circa 1 cm. sotto alla testa. Per gli angioletti, fate un altro foro sulla testa per infilarci i capelli. Dipingete sulle sfere di legno i tratti del viso e incollate sui coni la carta metallizzata dorata, argentata o arcobaleno.

2 Incollate i capelli sintetici sulla testa del re. Per quelli degli angeli, infilate un ciuffo di fili di canapa (tenuto unito da un pezzetto di filo di ferro sottilissimo) nel foro che avete fatto precedentemente sulla sommità della pallina di legno. Sistemate i capelli sulla testa e tagliate le eccedenze. Preparate le decorazioni per le teste degli altri personaggi e ritagliate la corona dal cartoncino o dalla carta dorata.

3 Per fare le braccia, infilate un filo di ferro lungo cm. 8 nel foro che avete preparato precedentemente in ogni singolo cono e avvolgete le due estremità a forma di spirale. Eventualmente, infilate nelle braccia una perla (ad es. nel re). Infine, ritagliate i cartoncini servendovi delle forbici sagomate e scriveteci sopra un breve messaggio con la penna glitter.

ten
Jahr!

Un regalino in denaro

Occorrente

- Mollette cm. 7 x 2 e cm. 4,5 x 1,2
- Coni mm 60 + 50 + 37
- Perle di legno
- Filo di ferro dorato Ø mm. 1
- Cartoncino dorato
- Pannolenci bianco, rosso, blu e verde chiaro
- Canapa
- Capelli sintetici bianco e nero
- Colore acrilico opaco ocra, carne e marrone
- Nastrino di raso color crema mm. 3
- Penna glitter dorata
- Perle a goccia
- Ritagli di carta da disegno di vari colori
- Scritte adesive
- Carta metallizzata dorata, argentata, arcobaleno, ecc.
- Forbici sagomate
- Filo di ferro Ø mm 0,8
- Trapano punta Ø mm.2

Cartamodello G1 – G4

Istruzioni a pag. 18

Maria
Mutti

Scatola e biglietto

Occorrente

- Mollette cm. 7,5 x 1
- Perle in legno colore naturale Ø mm. 6
- Feltro: rosso, bianco, blu e giallo
- Cordella di carta bianca e rossa Ø mm. 2
- Pastiglie di legno Ø mm. 20
- Pompon bianco Ø mm. 7
- Fustellatore "Stella"
- Colore acrilico opaco: carne, oro, nero, rosso
- Fustellatore medio "Stella" mm. 22
- Fustellatore grande "Stella" mm. 32
- Bastoncino d'ovatta
- Cartoncino dorato
- Scatola a forma di cuore cm. 16 x 11
- Cartoncino ondulato cm. 10 x 21 piegato

Cartamodelli
D2 - D3, H1 - H2

1 Ritagliate tutte le sagome o ricavatele col fustellatore dai rispettivi materiali e incollatele sulle mollette (la testa fissata dalla parte opposta della pinza).

2 Per fare gli angioletti, incollate prima le ali e poi il corpo; per realizzare Babbo Natale, incollate prima l'abito, poi la testa e successivamente barba e berretto. Inumidite quest'ultimo prima di avvolgerlo, poi, dopo che lo avrete incollato sulla testa di Babbo Natale, dategli forma sistemando un po' le pieghe. Infine, rifinitelo con il pompon.

3 Dipingete i tratti del viso sulle pastiglie di legno. Per fare i capelli dell'angelo, mescolate una punta di acrilico nero a quello color oro. Per fare le braccia, utilizzate un cordoncino di cuoio lungo cm. 8, fatelo passare attraverso la molla, fissatelo con un punto di colla e rifinitelo incollando una perla di legno in ognuna delle due estremità.

4 Dipingete di rosso la scatola a forma di cuore e ritagliate una striscia dal cartoncino dorato. Poi, fissate quest'ultima alla molletta dell'angelo che incollerete a sua volta alla scatola. Infine, fissate le mollette dell'angelo e di Babbo Natale al biglietto a forma di cuore e incollate quest'ultimo sul biglietto di cartoncino ondulato.

Consiglio:

queste deliziose figurine possono essere usate come decoro per l'albero, fermapacco o anche portatovagliolo.

Gli schiaccianoci

Occorrente

- Mollette cm. 7,5 x 1 (braccia)
- Mollette grandi cm. 15 x 3,5 (corpo)
- Legno di balsa da 4 mm. (viso, cappello)
- Piedi legno mm. 52
- Listello tondo Ø mm. 6
- Capelli sintetici bianco e marrone
- Spiedino
- Motivi decorativi adesivi
- Colore acrilico opaco: color carne, bianco, giallo, blu e rosso
- Mezze perle Ø mm. 6
- Trapano con punta Ø mm. 6,5

Cartamodelli J1 - J2

1 Dipingete la molletta grande seguendo le indicazioni del cartamodello. Per fare le gambe, fate due fori sotto ad uno dei due elementi che compongono la pinza; poi infilate ed incollate in ognuno un listello tondo di legno lungo circa cm. 2.

2 Ritagliate il viso ed il cappello dalla balsa e dipingeteli. Incollate sulla parte alta della molletta i capelli sintetici (ca. cm. 2), sistematene qualche ciuffo per fare la barba e incollateci sopra il viso ed il cappello, tenendoli premuti finchè non sono ben saldi. Per fare il naso, usate una mezza perlina di legno dipinta leggermente di rosso.

3 Per fare le braccia, utilizzate due mollette di cm. 7,5 x 1 (la pinza rivolta verso il basso). Per fissarle alla molletta più grande, infilate uno spiedino attraverso la molla del primo "braccio", fatelo passare attraverso quella del corpo e poi attraverso quella della seconda molletta. Poi, fissate con un po' di colla.

4 Infine, decorate gli schiaccianoci con dei motivi adesivi dorati (o con una penna glitter dorata): cintura, borchie, bottoni e gradi sul braccio.

L'albero degli gnomi

Occorrente

- Mollette cm. 7,5 x 1 (gnomi)
- Mollette cm 4,5 x 0,7 (stelle)
- Albero in legno cm. 33 x 30
- Stelle di legno cm. 6
- Perle di legno Ø mm. 25
- Stecche di legno mm. 150 x 20 tagliati a metà
- Feltro: rosso, blu chiaro e scuro, giallo e verde.
- Colore acrilico opaco: verde chiaro e scuro, giallo, nero, violetto, rosso, blu, ocra e oro.
- Filo di ferro verde, rosso e blu Ø mm. 1
- Listello tondo di legno Ø mm. 6
- Campanellini
- Stelline, cuoricini di legno
- Cartoncino dorato

Cartamodelli

K1 - K5

1 Infilate un perno lungo circa cm. 4 nel foro della perla di legno e incollatelo alla parte superiore della molletta (limate un poco il perno con la carta vetrata, in modo che possa aderire alla superficie sbieca della molletta). Dipingete i tratti del viso sulla perla di legno e rifinite con i capelli.

2 Dipingete le stecche in legno come indicato nella foto a lato e incollatele sulle mollette (vedi cartamodello). Per fare le braccia, fate passare un filo di ferro lungo circa cm. 12 fra la molletta ed il legnetto, ed incollatelo tenendolo premuto finchè non si è fissato saldamente. Poi, avvolgete le estremità del filo di ferro a forma di spirale.

3 Ritagliate il berretto dal feltro, bagnatelo leggermente e incollate i lembi. Per fargli prendere la forma giusta, posizionatelo su una perla non dipinta uguale a quelle che avete utilizzato per la testa, e lasciatelo lì finchè non è ben secco. Poi incollatelo sulla testa dello gnomo già dipinta.

4 Dipingete di verde la struttura dell'albero e color oro la base. Poi, incollate le mollette-gnomo alle estremità dei rami e decoratele con mini stelline e cuoricini di legno (si trovano sui cataloghi o nei negozi di hobbistica).

5 Preparate il cartoncino per la scritta (cm. 28 x 4) e, prima di incollarlo all'albero, arrotolate un po' le due estremità come se fosse una pergamena.

Merry Christmas

Occorrente

- Mollette di legno rotonde cm. 11
- Compensato mm. 4
- Pastiglie di legno Ø mm. 20
- Canapa
- Capelli sintetici chiari
- Feltro: nero, bianco, rosso e blu
- Pannolenci (per la sciarpetta)
- Fustellatore piccolo "Cerchio"
- Fustellatore piccolo "Stella"
- Filo metallico cm. 80 con decori di stelline
- Pasta effetto neve e pennello
- Colore acrilico opaco: carne, bianco, rosso, blu, oro
- Pluster-pen rossa
- Cordella di carta bianca, rossa Ø mm 2
- Filo di ferro Ø mm 0,8
- Perle di legno colore naturale Ø mm. 6
- Trapano con punta Ø mm. 3

Cartamodello L1 - L4

1 Ritagliate dal compensato la sagoma del pannello e dipingetela con l'acrilico color oro. Poi, decorate il bordo superiore con la pasta effetto neve, lasciando liberi i punti in cui fisserete le mollette dei vari personaggi. Una volta asciutto il tutto, realizzate la scritta con la pluster pen rossa.

2 Disegnate i tratti dei visi sulle pastiglie di legno. Poi dipingete le mollette e incollateci sopra le faccine. Per fare le braccia, praticate un foro nella parte laterale delle mollette, tagliate per ognuna cm. 10 di cordella di carta, fatela passare attraverso i fori e, dopo aver infilato alle estremità due perline di legno, fissatela con la colla.

3 Per fare i capelli degli angeli, legate al centro un ciuffo di canapa, incollatelo dietro alla pastiglia di legno, aprite il mazzolino e sistematelo sulla testa. Per fare il colletto, ritagliate dal feltro un cerchio di cm. 4 di diametro; poi incollate anche le ali. Decorate il tutto con alcune stelline fustellate.

4 Completate Babbo Natale con la barba di capelli sintetici ed il berretto di feltro: per realizzare quest'ultimo (mod. L3), procedete come spiegato a pag. 26 - punto 3. Per fare la mantellina, ritagliate dal pannolenci rosso un cerchio di Ø cm. 5 e sistematelo sotto alla testa. Infine, incollate i bottoncini fustellati.

5 Per il pupazzo di neve, dipingete di rosso un pezzo di bastoncino di ovatta e applicatelo come naso. Poi, sistemate il cappello di pannolenci e rifinitelo con una sciarpetta rossa (cm. 15 x 1,5). Infine, fissate i bottoni sul vestito.

6 Fissate il filo di ferro decorato dietro al pannello: nella parte basse serve come decorazione, nella parte alta lo userete per appenderlo.

MERRY CHRISTMAS

Per i vostri regali...

Occorrente

- Mollette cm. 7,5 x 1
- Cartoncino: nero, bianco, arancione, rosso color carne, grigio, marrone, verde e oro.
- Pluster-pen oro
- Per ogni colore cm. 15 x 1 pannolenci giallo, verde, blu e rosso
- Occhietti mobili Ø mm. 4
- Fustellatore

Cartamodello

M1 – M6

Ritagliate le singole parti e unitele come indicato nel cartamodello. Fissate le figure come indicato nella foto a fianco, preparate le strisce di cartoncino e scriveteci sopra con la pluster-pen.

Vanessa
Lea
Oliver

edizioni del borgo

crescono le idee....

Titolo originale del libro:
Holzklammer-Figuren für Advent & Weihnachten

Autrice: Gundrun Hettinger
Fotografie e styling: Christoph Schmotz, Freiburg
Progetto grafico: Network!, München

edizioni del borgo srl
Via Romagnoli, 21
40069 - Zola Predosa (Bo)

Tel. 051/753358
Fax 051/752637
E-mail: info@edizionidelborgo.it
Internet: www.edizionidelborgo.it

Traduzione: Cristina Corni
Stampato in Italia presso: Tecnostampa - Loreto
Settembre 2005

ISBN 88-8457-170-7